This journal belongs to :

_____

Name

Site address

Login / username

password

notes

Name

Site address

Login / username

password

notes

Name

Site address

Login / username

password

notes

Name

Site address

Login / username

password

notes

Name

Site address

Login / username

password

notes

Name

Site address

Login / username

password

notes

Name

Site address

Login / username

password

notes

Name

Site address

Login / username

password

notes

Name

Site address

Login / username

password

notes

Name

Site address

Login / username

password

notes

Name

Site address

Login / username

password

notes

Name

Site address

Login / username

password

notes

Name

Site address

Login / username

password

notes

Name

Site address

Login / username

password

notes

Name

Site address

Login / username

password

notes

Name

Site address

Login / username

password

notes

Name

Site address

Login / username

password

notes

Name

Site address

Login / username

password

notes

Name

Site address

Login / username

password

notes

Name

Site address

Login / username

password

notes

Name

Site address

Login / username

password

notes

Name

Site address

Login / username

password

notes

Name

Site address

Login / username

password

notes

Name

Site address

Login / username

password

notes

Name

Site address

Login / username

password

notes

Name

Site address

Login / username

password

notes

Name

Site address

Login / username

password

notes

Name

Site address

Login / username

password

notes

Name

Site address

Login / username

password

notes

Name

Site address

Login / username

password

notes

Name

Site address

Login / username

password

notes

Name

Site address

Login / username

password

notes

Name

Site address

Login / username

password

notes

Name

Site address

Login / username

password

notes

Name

Site address

Login / username

password

notes

Name

Site address

Login / username

password

notes

Name

Site address

Login / username

password

notes

Name

Site address

Login / username

password

notes

Name

Site address

Login / username

password

notes

Name

Site address

Login / username

password

notes

Name

Site address

Login / username

password

notes

Name

Site address

Login / username

password

notes

Name

Site address

Login / username

password

notes

Name

Site address

Login / username

password

notes

Name

Site address

Login / username

password

notes

Name

Site address

Login / username

password

notes

Name

Site address

Login / username

password

notes

Name

Site address

Login / username

password

notes

Name

Site address

Login / username

password

notes

Name

Site address

Login / username

password

notes

Name

Site address

Login / username

password

notes

Name

Site address

Login / username

password

notes

Name

Site address

Login / username

password

notes

Name

Site address

Login / username

password

notes

Name

Site address

Login / username

password

notes

Name

Site address

Login / username

password

notes

Name

Site address

Login / username

password

notes

Name

Site address

Login / username

password

notes

Name

Site address

Login / username

password

notes

Name

Site address

Login / username

password

notes

Name

Site address

Login / username

password

notes

Name

Site address

Login / username

password

notes

Name

Site address

Login / username

password

notes

Name

Site address

Login / username

password

notes

Name

Site address

Login / username

password

notes

Name

Site address

Login / username

password

notes

Name

Site address

Login / username

password

notes

Name

Site address

Login / username

password

notes

Name

Site address

Login / username

password

notes

Name

Site address

Login / username

password

notes

Name

Site address

Login / username

password

notes

Name

Site address

Login / username

password

notes

Name

Site address

Login / username

password

notes

Name

Site address

Login / username

password

notes

Name

Site address

Login / username

password

notes

Name

Site address

Login / username

password

notes

Name

Site address

Login / username

password

notes

Name

Site address

Login / username

password

notes

Name

Site address

Login / username

password

notes

Name

Site address

Login / username

password

notes

Name

Site address

Login / username

password

notes

Name

Site address

Login / username

password

notes

Name

Site address

Login / username

password

notes

Name

Site address

Login / username

password

notes

Name

Site address

Login / username

password

notes

Name

Site address

Login / username

password

notes

Name

Site address

Login / username

password

notes

Name

Site address

Login / username

password

notes

Name

Site address

Login / username

password

notes

Name

Site address

Login / username

password

notes

Name

Site address

Login / username

password

notes

Name

Site address

Login / username

password

notes

Name

Site address

Login / username

password

notes

Name

Site address

Login / username

password

notes

Name

Site address

Login / username

password

notes

Name

Site address

Login / username

password

notes

Name

Site address

Login / username

password

notes

Name

Site address

Login / username

password

notes

Name

Site address

Login / username

password

notes

Name

Site address

Login / username

password

notes

Name

Site address

Login / username

password

notes

Name

Site address

Login / username

password

notes

Name

Site address

Login / username

password

notes

Name

Site address

Login / username

password

notes

Name

Site address

Login / username

password

notes

Name

Site address

Login / username

password

notes

Name

Site address

Login / username

password

notes

Name

Site address

Login / username

password

notes

Name

Site address

Login / username

password

notes

Name

Site address

Login / username

password

notes

Name

Site address

Login / username

password

notes

Name

Site address

Login / username

password

notes

Name

Site address

Login / username

password

notes

Name

Site address

Login / username

password

notes

Name

Site address

Login / username

password

notes

Name

Site address

Login / username

password

notes

Name

Site address

Login / username

password

notes

Name

Site address

Login / username

password

notes

Name

Site address

Login / username

password

notes

Name

Site address

Login / username

password

notes

Name

Site address

Login / username

password

notes

Name

Site address

Login / username

password

notes

Name

Site address

Login / username

password

notes

Name

Site address

Login / username

password

notes

Name

Site address

Login / username

password

notes

Name

Site address

Login / username

password

notes

Name

Site address

Login / username

password

notes

Name

Site address

Login / username

password

notes

Name

Site address

Login / username

password

notes

Name

Site address

Login / username

password

notes

Name

Site address

Login / username

password

notes

Name

Site address

Login / username

password

notes

Name

Site address

Login / username

password

notes

Name

Site address

Login / username

password

notes

Name

Site address

Login / username

password

notes

Name

Site address

Login / username

password

notes

Name

Site address

Login / username

password

notes

Name

Site address

Login / username

password

notes

Name

Site address

Login / username

password

notes

Name

Site address

Login / username

password

notes

Name

Site address

Login / username

password

notes

Name

Site address

Login / username

password

notes

Name

Site address

Login / username

password

notes

Name

Site address

Login / username

password

notes

Name

Site address

Login / username

password

notes

Name

Site address

Login / username

password

notes

Name

Site address

Login / username

password

notes

Name

Site address

Login / username

password

notes

Name

Site address

Login / username

password

notes

Name

Site address

Login / username

password

notes

Name

Site address

Login / username

password

notes

Name

Site address

Login / username

password

notes

Name

Site address

Login / username

password

notes

Name

Site address

Login / username

password

notes

Name

Site address

Login / username

password

notes

Name

Site address

Login / username

password

notes

Name

Site address

Login / username

password

notes

Name

Site address

Login / username

password

notes

Name

Site address

Login / username

password

notes

Name

Site address

Login / username

password

notes

Name

Site address

Login / username

password

notes

Name

Site address

Login / username

password

notes

Name

Site address

Login / username

password

notes

Name

Site address

Login / username

password

notes

Name

Site address

Login / username

password

notes

Name

Site address

Login / username

password

notes

Name

Site address

Login / username

password

notes

Name

Site address

Login / username

password

notes

Name

Site address

Login / username

password

notes

Name

Site address

Login / username

password

notes

Name

Site address

Login / username

password

notes

Name

Site address

Login / username

password

notes

Name

Site address

Login / username

password

notes

Name

Site address

Login / username

password

notes

Name

Site address

Login / username

password

notes

Name

Site address

Login / username

password

notes

Name

Site address

Login / username

password

notes

Name

Site address

Login / username

password

notes

Name

Site address

Login / username

password

notes

Name

Site address

Login / username

password

notes

Name

Site address

Login / username

password

notes

Name

Site address

Login / username

password

notes

Name

Site address

Login / username

password

notes

Name

Site address

Login / username

password

notes

Name

Site address

Login / username

password

notes

Name

Site address

Login / username

password

notes

Name

Site address

Login / username

password

notes

Name

Site address

Login / username

password

notes

Name

Site address

Login / username

password

notes

Name

Site address

Login / username

password

notes

Name

Site address

Login / username

password

notes

Name

Site address

Login / username

password

notes

Name

Site address

Login / username

password

notes

Name

Site address

Login / username

password

notes

Name

Site address

Login / username

password

notes

Name

Site address

Login / username

password

notes

Name

Site address

Login / username

password

notes

Name

Site address

Login / username

password

notes

Name

Site address

Login / username

password

notes

Name

Site address

Login / username

password

notes

Name

Site address

Login / username

password

notes

Name

Site address

Login / username

password

notes

Name

Site address

Login / username

password

notes

Name

Site address

Login / username

password

notes

Name

Site address

Login / username

password

notes

Name

Site address

Login / username

password

notes

Name

Site address

Login / username

password

notes

Name

Site address

Login / username

password

notes

Name

Site address

Login / username

password

notes

Name

Site address

Login / username

password

notes

Name

Site address

Login / username

password

notes

Name

Site address

Login / username

password

notes

Name

Site address

Login / username

password

notes

Name

Site address

Login / username

password

notes

Name

Site address

Login / username

password

notes

Name

Site address

Login / username

password

notes

Name

Site address

Login / username

password

notes

Name

Site address

Login / username

password

notes

Name

Site address

Login / username

password

notes

Name

Site address

Login / username

password

notes

Name

Site address

Login / username

password

notes

Name

Site address

Login / username

password

notes

Name

Site address

Login / username

password

notes

Name

Site address

Login / username

password

notes

Name

Site address

Login / username

password

notes

Name

Site address

Login / username

password

notes

Name

Site address

Login / username

password

notes

Name

Site address

Login / username

password

notes

Name

Site address

Login / username

password

notes

Name

Site address

Login / username

password

notes

Name

Site address

Login / username

password

notes

Name

Site address

Login / username

password

notes

Name

Site address

Login / username

password

notes

Name

Site address

Login / username

password

notes

Name

Site address

Login / username

password

notes

Name

Site address

Login / username

password

notes

Name

Site address

Login / username

password

notes

Name

Site address

Login / username

password

notes

Name

Site address

Login / username

password

notes

Name

Site address

Login / username

password

notes

Name

Site address

Login / username

password

notes

Name

Site address

Login / username

password

notes

Name

Site address

Login / username

password

notes

Name

Site address

Login / username

password

notes

Name

Site address

Login / username

password

notes

Name

Site address

Login / username

password

notes

Name

Site address

Login / username

password

notes

Name

Site address

Login / username

password

notes

Name

Site address

Login / username

password

notes

Name

Site address

Login / username

password

notes

Name

Site address

Login / username

password

notes

Name

Site address

Login / username

password

notes

Name

Site address

Login / username

password

notes

Name

Site address

Login / username

password

notes

Name

Site address

Login / username

password

notes

Name

Site address

Login / username

password

notes

Name

Site address

Login / username

password

notes

Name

Site address

Login / username

password

notes

Name

Site address

Login / username

password

notes

Name

Site address

Login / username

password

notes

Name

Site address

Login / username

password

notes

Name

Site address

Login / username

password

notes

Name

Site address

Login / username

password

notes

Name

Site address

Login / username

password

notes

Name

Site address

Login / username

password

notes

Name

Site address

Login / username

password

notes

Name

Site address

Login / username

password

notes

Name

Site address

Login / username

password

notes

Name

Site address

Login / username

password

notes

Name

Site address

Login / username

password

notes

Name

Site address

Login / username

password

notes

Name

Site address

Login / username

password

notes

Name

Site address

Login / username

password

notes

Name

Site address

Login / username

password

notes

Name

Site address

Login / username

password

notes

Name

Site address

Login / username

password

notes

Name

Site address

Login / username

password

notes

Name

Site address

Login / username

password

notes

Name

Site address

Login / username

password

notes

Name

Site address

Login / username

password

notes

Name

Site address

Login / username

password

notes

Name

Site address

Login / username

password

notes

Name

Site address

Login / username

password

notes

Name

Site address

Login / username

password

notes

Name

Site address

Login / username

password

notes

Name

Site address

Login / username

password

notes

Name

Site address

Login / username

password

notes

Name

Site address

Login / username

password

notes

Name

Site address

Login / username

password

notes

Name

Site address

Login / username

password

notes

Name

Site address

Login / username

password

notes

Name

Site address

Login / username

password

notes

Name

Site address

Login / username

password

notes

Name

Site address

Login / username

password

notes

Name

Site address

Login / username

password

notes

Name

Site address

Login / username

password

notes

Name

Site address

Login / username

password

notes

Name

Site address

Login / username

password

notes

Name

Site address

Login / username

password

notes

Name

Site address

Login / username

password

notes

Name

Site address

Login / username

password

notes

Name

Site address

Login / username

password

notes

Name

Site address

Login / username

password

notes

Name

Site address

Login / username

password

notes

Name

Site address

Login / username

password

notes

Name

Site address

Login / username

password

notes

Name

Site address

Login / username

password

notes

Name

Site address

Login / username

password

notes

Name

Site address

Login / username

password

notes

Name

Site address

Login / username

password

notes

Name

Site address

Login / username

password

notes

Name

Site address

Login / username

password

notes

Name

Site address

Login / username

password

notes

Name

Site address

Login / username

password

notes

Name

Site address

Login / username

password

notes

Name

Site address

Login / username

password

notes

Name

Site address

Login / username

password

notes

Name

Site address

Login / username

password

notes

Name

Site address

Login / username

password

notes

Name

Site address

Login / username

password

notes

Name

Site address

Login / username

password

notes

Name

Site address

Login / username

password

notes

Name

Site address

Login / username

password

notes

Name

Site address

Login / username

password

notes

Name

Site address

Login / username

password

notes

Name

Site address

Login / username

password

notes

Name

Site address

Login / username

password

notes

Name

Site address

Login / username

password

notes

Name

Site address

Login / username

password

notes

Name

Site address

Login / username

password

notes

Name

Site address

Login / username

password

notes

Name

Site address

Login / username

password

notes

Name

Site address

Login / username

password

notes

Name

Site address

Login / username

password

notes

Name

Site address

Login / username

password

notes

Name

Site address

Login / username

password

notes

Name

Site address

Login / username

password

notes

Name

Site address

Login / username

password

notes

Name

Site address

Login / username

password

notes

Name

Site address

Login / username

password

notes

Name

Site address

Login / username

password

notes

Name

Site address

Login / username

password

notes

Name

Site address

Login / username

password

notes

Name

Site address

Login / username

password

notes

Name

Site address

Login / username

password

notes

Name

Site address

Login / username

password

notes

Name

Site address

Login / username

password

notes

Name

Site address

Login / username

password

notes

Name

Site address

Login / username

password

notes

Name

Site address

Login / username

password

notes

Name

Site address

Login / username

password

notes

Made in the USA
Monee, IL
08 October 2022

15452939R00066